**Género** Obra de teatro



## ¿? Pregunta esencial

**¿Cómo cambian las plantas a medida que crecen?**

# La vida de un árbol

Mateo Garza

ilustrado por Louise A. Ellis

Personajes: Chipi (una ardilla), Hilda, Oli, Mamá, Papá

Ambiente: un parque lleno de árboles

**Chipi:** La familia Heredia ha venido a comer al parque.

**Oli:** ¡Hola, deliciosa y jugosa manzana verde! Mmmm, qué rica eres.

**Mamá:** Este parque es el hábitat de muchos animales.

**Hilda:** ¿Qué quiere decir *hábitat*?

**Papá:** Quiere decir "hogar". ¿Vamos juntos a pasear para ver los animales?

(La familia va a pasear, y al volver recoge la basura).

**Papá:** ¡Qué caminata divertida! ¡Nunca había visto tantos animales juntos!

**Hilda:** Ya recogimos toda la basura, ¿verdad, familia?

**Oli:** Espero que haya quedado algo rico para comer en el camino a casa...

**Mamá:** Tenemos algunos higos.

**Chipi** (come el corazón de la manzana): La familia ha dejado la mejor parte de la manzana: ¡el corazón! Ha llegado mi hora de merendar.

(Mientras Chipi come, algunas semillas caen al suelo).

(Ya hace frío. Chipi se va alistando).

**Chipi:** De una semilla de la manzana, salió un arbolito. El agua de la lluvia le dará de beber y lo hará crecer.

**Chipi:** ¡Los Heredia han venido otra vez al parque! Andaban de paseo y vieron el nuevo arbolito.

**Mamá:** ¡Miren! Hay un nuevo manzano.

**Hilda:** Me pregunto de qué color serán las manzanas. ¡Me gustan las verdes!

(Mientras los Heredia hacen un enorme muñeco de nieve, Chipi hiberna en su hueco húmedo y tibio).

**Oli:** Miren el arbolito nuevo: ¡ya ha perdido casi todas sus hojas!

**Hilda:** Se ve distinto sin ellas.

**Chipi** (se estira): ¡Aaahhh! ¡Ya están aquí las flores! El aire es cálido. El árbol se ha despertado. Ahora está mucho más grande.

**Oli:** Miren qué hermosas flores le han salido al arbolito.

**Hilda:** Las abejas ayudan al árbol para que pronto haya manzanas.

**Chipi:** El árbol vino de una semilla. Después empezó a crecer. Los niños están más grandes y el árbol también.

**Hilda:** El agua, el sol y las abejas han ayudado al árbol.

**Chipi:** La familia Heredia ha venido al parque otra vez.

**Hilda:** Me gusta comer en el parque.

**Oli:** ¡Hola, deliciosa cereza roja!

**Mamá:** El parque me pone de muy buen humor.

**Papá:** A mí también. ¡Por eso nos gusta volver!

**Chipi:** Los Heredia han recogido la basura y se han ido. Pero dejaron estos huesitos de cereza. ¿Se convertirán en nuevos arbolitos?

# Respuesta a la lectura

## Volver a contar

Vuelve a contar *La vida de un árbol* con tus propias palabras. Cuenta los sucesos en orden.

Primero

↓

Después

↓

Luego

↓

Al final

## Evidencia en el texto

1. Mira la página 5. ¿Qué pasó después de que las semillas cayeron al suelo? **Orden de los sucesos**
2. Mira la página 8. ¿Qué pasó cuando el árbol creció? **Orden de los sucesos**
3. ¿Cómo sabes que *La vida de un árbol* es una obra de teatro? **Género**

**Género** **No ficción**

## Compara los textos

Lee acerca de lo que hay adentro de los árboles.

# El corazón de los árboles

La capa que envuelve los troncos es la corteza. Todos los años sale una capa nueva. Cuando se corta un árbol, esas capas se ven como aros. Hay un aro por cada año del árbol. Los aros nos dicen la edad de los árboles.

**Los aros claros crecen en primavera y verano. Los aros oscuros crecen en otoño e invierno.**

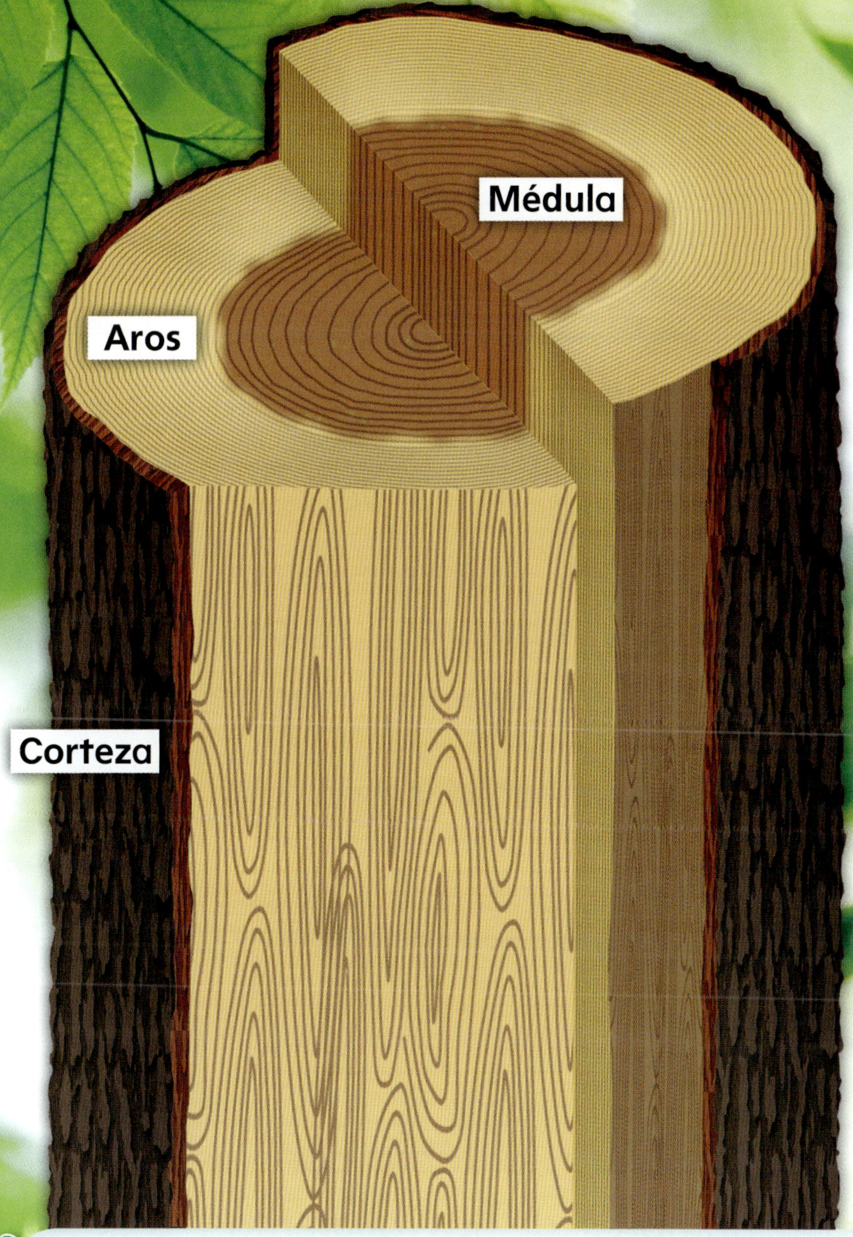


## Haz conexiones

¿Qué partes del manzano se mencionan en *La vida de un árbol*?

El texto y otros textos

Enfoque:

# Ciencias

**Propósito** Conversar acerca de qué alimentos se plantan y cuáles no

## Paso a paso

**Paso 1** Lee los nombres de estos alimentos.

fresas huevos fideos
plátanos pepinos pastel

**Paso 2** Haz una tabla como esta.

| Se planta | No se planta |
|---|---|
| | |
| | |
| | |

**Paso 3** Completa la tabla con los nombres de los alimentos.

**Conclusión** Piensa otros alimentos que podrías agregar a la tabla.